NOUVELLE-CALÉDONIE ET DÉPENDANCES

ARRÊTÉ

PORTANT ORGANISATION DU SERVICE SANITAIRE

EN

DE NOUVELLE-CALÉDONIE

(Du 19 juillet 1881.)

NOUMÉA

IMPRIMERIE DU GOUVERNEMENT

1884

ARRÊTÉ

PORTANT

ORGANISATION DU SERVICE SANITAIRE

EN NOUVELLE-CALÉDONIE

(Du 19 juillet 1881)

ARRÊTÉ

Portant organisation du Service sanitaire en Nouvelle-Calédonie.

(Du 19 juillet 1881.)

Nous, Contre-Amiral, Gouverneur de la Nouvelle-Calédonie et dépendances, Commandant en chef la Division navale,

Vu les arrêtés en date des 19 août 1872 et 14 août 1879 sur la police sanitaire;

Vu, à titre consultatif, le décret du 22 janvier 1876, portant organisation du Service sanitaire dans la métropole;

Considérant qu'il est urgent de créer une législation sanitaire locale et d'y introduire les mesures en vigueur dans la métropole, qui sont susceptibles d'être appliquées en Nouvelle-Calédonie;

Vu l'article 50 du décret organique du 12 décembre 1874;

Sur la proposition du Directeur de l'Intérieur,

Le Conseil privé entendu,

Avons arrêté et arrêtons :

Art. 1er. La police sanitaire est exercée en Nouvelle-Calédonie à l'égard de tous les navires, quelle que soit leur provenance.

Ils peuvent être l'objet de précautions exceptionnelles ou de mesures sanitaires spéciales lorsque leurs conditions hygiéniques seront jugées dangereuses.

DES FORMALITÉS QUE SUBISSENT LES NAVIRES

De la reconnaissance et de l'arraisonnement

Art. 2. Tout navire qui arrive à Nouméa, le seul port ouvert de la Nouvelle-Calédonie, ou accidentellement sur un autre point de l'île, doit, avant toute communication, être reconnu par l'autorité sanitaire.

Art. 3. La reconnaissance a pour objet de constater la provenance du navire et les conditions sanitaires dans lesquelles il se présente.

Elle consiste en une visite rogatoire formulée en l'article 38 et dans la présentation d'une patente de santé; elle s'applique aux navires notoirement exempts de suspicion.

Art. 4. Dans les cas qui exigent un examen plus approfondi, la reconnaissance prend le nom d'arraisonnement et comporte alors, quand l'autorité sanitaire le juge nécessaire, des investigations qui sont indiquées plus loin.

L'arraisonnement peut motiver une inspection médicale.

Art. 5. Sont dispensés de la reconnaissance : les bateaux qui font la petite pêche sur les côtes, les embarcations de la Direction du port, les bateaux-pilotes, et, en général, les bateaux qui s'écartent peu du rivage et qui peuvent être reconnus à simple inspection.

De la patente de santé

Art. 6. La présentation d'une patente de santé, à l'arrivée dans la colonie, est obligatoire en tout temps pour les navires venant du dehors.

Art. 7. Un navire ne doit avoir qu'une seule patente de santé, délivrée au port de départ; elle doit être visée à chaque escale que fait le navire et conservée jusqu'au port de destination définitive.

A l'étranger, pour les navires français, la patente de santé est délivrée par le consul français du port du départ, ou, à défaut du consul, par l'autorité locale.

Pour les navires étrangers, elle peut être délivrée par l'autorité locale; mais, dans ce cas, elle doit être visée (dans sa teneur), par le consul français.

Art. 8. Le visa de la patente des navires en relâche à Nouméa est donné gratuitement par le directeur de la santé.

Art. 9. Pour les navires partant de Nouméa, les patentes de santé sont délivrées et signées par le directeur de la santé.

Elles sont délivrées gratuitement.

Elles peuvent être visées par les consuls étrangers.

Art. 10. Les patentes de santé sont conformes au modèle en usage en France et annexé au présent arrêté : elles mentionnent l'état sanitaire du pays, le nom du navire, celui du capitaine, des renseignements exacts relatifs au tonnage, à la nature de la cargaison, à l'effectif du navire, au nombre des passagers ainsi qu'à l'état hygiénique et sanitaire du bord au moment du départ.

Art. 11. La délivrance des patentes de santé se fera tous les jours, les dimanches et fêtes exceptés, dans un local qui sera indiqué par un avis affiché à la direction du port et au bureaux de l'Inscription maritime.

Art. 12. La patente de santé n'est valable que si elle a été délivrée dans les quarante-huit heures qui précèdent le départ du navire.

Art. 13. La patente de santé est *nette* ou *brute*. Elle est *nette* quand elle constate l'absence de toute maladie pestilentielle dans le pays ou les pays d'où vient le navire ; elle est *brute* quand la présence d'une maladie de cette nature y est signalée.

Le caractère *net* ou *brut* de la patente est apprécié par l'autorité sanitaire du port d'arrivée.

Art. 14. La patente de santé ne sera délivrée au départ, en cas de suspicion, qu'après l'accomplissement des formalités relatives à la constatation de l'état sanitaire et hygiénique du navire, de l'équipage et des passagers.

Les capitaines et patrons seront tenus de fournir à cet égard tous les renseignements et toutes les justifications qui leur seront demandés.

Mesures sanitaires au départ

Art. 15. Lorsqu'une maladie pestilentielle vient à éclater dans un port ou ses environs, le devoir de l'autorité sanitaire de ce port est de constater la maladie, d'en faire immédiatement la déclaration officielle, et de signaler le fait sur la patente de santé qu'elle délivre.

La cessation complète de la maladie doit de même être annoncée officiellement, et mentionnée sur la patente de santé, avec la date de la cessation.

Art. 16. En temps d'épidémie, l'autorité sanitaire, avant de délivrer la patente de santé, vérifie l'état sanitaire et hygiénique des navires français en partance, et signale à l'autorité compétente les infractions aux prescriptions hygiéniques des règlements maritimes. A cet effet, tout armateur, consignataire, capitaine s'apprêtant à charger son navire ou à le faire partir sur lest, est tenu d'en faire la déclaration à l'autorité sanitaire.

Le permis nécessaire pour commencer le chargement ne sera délivré que sur le vu d'un bulletin constatant que la formalité ci-dessus indiquée a été remplie.

L'autorité sanitaire a le devoir de s'opposer à l'embarquement d'une personne atteinte d'une des maladies visées par le présent règlement, et de toute substance qui, par sa nature ou son état de corruption, serait nuisible à la santé du bord.

Quant aux navires étrangers en partance qui désirent être munis d'une patente de santé française, ils ne peuvent l'obtenir qu'après avoir été soumis à la vérification dont il s'agit, quand l'autorité sanitaire le juge nécessaire.

Mesures sanitaires à l'arrivée

Art. 17. Tout capitaine arrivant dans un port de la colonie est tenu :

1° D'empêcher toute communication, tout déchargement de son navire avant que celui-ci n'ait été reconnu et admis à la libre pratique ;

2° De se conformer aux règles de police sanitaire, ainsi qu'aux ordres qui lui seront donnés par les autorités chargées de cette police;

3° De produire auxdites autorités tous les papiers de bord; de répondre, après avoir prêté serment de dire la vérité, à l'interrogatoire sanitaire, et de déclarer tous les faits, de donner tous les renseignements venus à sa connaissance pouvant intéresser la santé publique.

Art. 18. Peuvent être soumis à de semblables interrogatoires et obligés, sous serment, à de semblables déclarations les gens de l'équipage et les passagers, toutes les fois qu'il est jugé nécessaire.

Art. 19. Le médecin embarqué, commissionné ou non, est tenu de répondre à l'interrogatoire de l'autorité sanitaire, et, lorsque celle-ci le demande, de présenter par écrit un compte rendu de toutes les circonstances du voyage ayant de l'intérêt pour la santé publique.

Art. 20. Un bâtiment quel qu'il soit, et même un canot, arrivant de l'extérieur sur un des mouillages de la colonie, est immédiatement soumis à la formalité de la reconnaissance, puis à l'arraisonnement, s'il y a lieu.

1° De la reconnaissance des navires.

Art. 21. A Nouméa, la reconnaissance est faite par le pilote ou par un employé de la direction du port, qui ne monte à bord pour le conduire au mouillage, que lorsque le capitaine lui a affirmé sous la foi du serment:

1° Qu'il est porteur d'une patente de santé nette;

2° Qu'il n'a pas de malades; que son équipage jouit d'une bonne santé;

3° Qu'il n'a perdu personne pendant la traversée;

4° Qu'il n'existait dans le pays d'où il vient aucune maladie épidémique ou contagieuse;

5° Enfin, qu'il n'a communiqué depuis son départ avec aucun bâtiment suspect.

Dans le cas éventuel où un navire viendrait à aborder sur un autre point de la colonie, la reconnaissance est faite par les chefs d'arrondissement ou leurs délégués, par les commandants de poste et par le lieutenant de port au Diahot.

En cas de doute, ces différents fonctionnaires prennent, par télégraphe, les ordres de l'autorité sanitaire supérieure.

Art. 22. Tout bâtiment arrivant muni d'une patente nette, qui n'aura eu en mer ni accident, ni communication de nature suspecte et qui se présentera dans des conditions hygiéniques satisfaisantes, sera immédiatement admis en libre pratique, à moins que le médecin arraisonneur n'ait de sérieux motifs pour contester la sincérité de la teneur de la patente de santé ou des déclarations du capitaine.

Des navires suspects

Art. 23. Le navire qui ne répond pas d'une manière satisfaisante aux questions posées par l'agent chargé de la reconnaissance, est considéré comme suspect.

Art. 24. Toute patente raturée ou surchargée sera considérée comme nulle et placera le navire dans la catégorie des suspects, sans préjudice des poursuites qui pourraient être exercées contre les auteurs de ces altérations.

Art. 25. Tout navire qui arrive du dehors sans être muni d'une patente de santé peut, et selon les instructions du directeur de la santé, même au cas où il n'aurait pas de malades à bord, et alors qu'il n'est question d'aucune maladie épidémique ou contagieuse, être mis en observation de trois jours; il peut être considéré comme s'il était porteur d'une patente brute de la maladie entraînant les mesures sanitaires les plus rigoureuses.

Art. 26. Tout navire venant d'un pays où est un consul de France et ne s'étant pas muni de son visa, pourra être mis en observation pour trois jours, même en temps où il n'y aura aucun soupçon de maladie contagieuse vis-à-vis de ce pays.

Mais si l'on a de fortes présomptions pour croire qu'il existe dans un pays une maladie épidémique ou contagieuse, le navire muni d'une patente, même nette, visée ou non visée par le consul de France, pourra être traité comme s'il était porteur d'une patente brute.

Dans ce cas, cette décision sera prise par le Gouverneur.

Art. 27. Les cas douteux, les renseignements contradictoires, seront toujours interprétés dans le sens de la plus grande prudence; dans ce cas, le bâtiment devra être provisoirement tenu en réserve.

Art. 28. Les cas de force majeure, ainsi que la perte de la patente, seront appréciés par l'autorité sanitaire.

Art. 29. Tout bâtiment à bord duquel il y aura eu, pendant la traversée un cas de maladie réputée importable et transmissible, sera, de droit, quelle que soit sa patente, considéré comme ayant une patente brute.

Art. 30. Les navires munis d'une patente de santé nette sont admis immédiatement à la libre pratique après la reconnaissance ou l'arraisonnement, sauf dans les cas mentionnés ci-après :

A. Lorsqu'un navire, porteur d'une patente nette, a eu à bord, pendant la traversée, des accidents certains ou suspects de maladie grave réputée importable;

B. Lorsque le navire a eu en mer des communications compromettantes;

C. Lorsque l'autorité sanitaire a des motifs sérieux de contester la sincérité de la teneur de la patente de santé;

D. Lorsque le navire provient d'un port qui entretient des relations avec une localité voisine où règne l'une des maladies indiquées en **A;**

E. Lorsque le navire, provenant d'un port où régnait peu auparavant l'une de ces maladies, a quitté ce port avant le délai suffisant pour que le pays soit déclaré net.

Dans ces différents cas, le navire, bien que muni d'une patente nette, peut être assujetti au régime d'une patente brute.

Art. 31. Si le navire, quoique muni d'une patente nette et n'ayant eu pendant la traversée aucun cas de maladie, se trouvait par la nature de sa cargaison, par son état d'encombrement ou d'infection, dans des conditions à faire craindre pour la santé publique, le navire pourra être tenu en réserve jusqu'à ce qu'il ait été statué par l'autorité sanitaire.

La décision devra être rendue dans les vingt-quatre heures.

Art. 32. Selon les conditions de salubrité du navire, l'autorité sanitaire pourra, si elle le juge convenable, ordonner comme mesure d'hygiène :

Le bain et autres soins corporels pour les hommes de l'équipage;

Le déplacement des marchandises à bord;

L'incinération ou la submersion à distance dans la mer, des substances alimentaires et boissons gâtées ou avariées, ainsi que des marchandises de nature organique fermentées ou corrompues.

Le lavage du linge et des vêtements de l'équipage;

Le nettoyage de la cale; l'évacuation complète des eaux et la désinfection de la sentine; l'aération de tout le bâtiment et la ventilation de ses parties profondes au moyen de la manche à vent et de tout autre moyen;

Les fumigations chloriques ou phéniques.

Art. 33. Tout navire suspect sera, dans les vingt-quatre heures de son arrivée, l'objet d'une décision de l'autorité sanitaire, le mettant en libre pratique, ou lui imposant telle mesure sanitaire jugée nécessaire.

Art. 34. Tout navire suspect est conduit, par les soins du pilote, à un mouillage déterminé par le capitaine de port, qui veillera à ce que ce navire tienne arboré à son mât de misaine un pavillon jaune jusqu'à ce que le médecin arraisonneur l'ait arraisonné.

De l'arraisonnement des navires.

Art. 35. A Nouméa, l'arraisonnement des navires est fait :

1° Par le médecin arraisonneur lorsqu'il s'agit des navires au long cours, des paquebots et des navires de guerre;

2° Par un agent du port ou des contributions lorsqu'il s'agit d'un caboteur ou d'une embarcation.

Toutefois, en temps d'épidémie, toutes les provenances des pays suspects ou contaminés pourront être, si l'autorité sanitaire le juge nécessaire, arraisonnées par les médecins.

Art. 36. Pour les autres points de la colonie où des navires pourraient accidentellement faire escale, l'arraisonnement est pratiqué par les fonctionnaires désignés à l'article 31.

Art. 37. L'arraisonnement des navires est fait du lever au coucher du soleil.

Toutefois, les bâtiments de guerre et les paquebots français ou étrangers sont arraisonnés dès qu'ils sont arrivés sur rade, quelle que soit l'heure du jour ou de la nuit.

Art. 38. Les questions suivantes conformes aux règles établies dans la métropole sont adressées par le médecin arraisonneur ou l'agent ordinaire de la santé, au capitaine qui est tenu d'y répondre sous la foi du serment :

1° D'où venez-vous ?

2° Avez-vous une patente de santé ?

3° Quels sont vos nom, prénoms et qualités ?

4° Quel est le nom, le pavillon, et le tonnage de votre navire ?

5° De quoi se compose votre cargaison ?

6° Quel jour êtes-vous parti ?

7° Quel était l'état de la santé publique à l'époque de votre départ ?

8° Avez-vous le même nombre d'hommes que vous aviez à votre départ et sont-ce les mêmes hommes ?

9° Avez-vous eu pendant votre séjour, pendant la traversée, des malades à bord ? En avez-vous actuellement ?

10° Est-il mort quelqu'un pendant votre séjour, soit à bord, soit à terre ou pendant votre traversée ?

11° Avez-vous relâché quelque part ? A quelle époque ?

12° Avez-vous eu quelques communications pendant la traversée ? N'avez-vous recueilli personne en mer ?

Dans la pratique cet interrogatoire peut être abrégé pour les navires venant des ports français ou des pays notoirement sains, en temps où la santé publique ne laisse rien à désirer.

Art. 39. Dans le cas de suspicion, il peut être fait indépendamment des questions ci-dessus qualifiées, toutes les autres interrogations jugées nécessaires et de nature à éclairer sur les conditions sanitaires du navire, les cas de maladie ou de mort observés pendant la traversée. Peut-être également exigée l'exhibition du rôle de l'équipage et des passagers, ainsi que de tous les documents qui permettent de contrôler le nombre des personnes présentes à bord au moment de l'arrivée.

Art. 40. D'après les réponses qu'il a obtenues et les consignes qu'il a reçues, le médecin arraisonneur donne la libre pratique au navire, ou le met en quarantaine provisoire.

Art. 41. Lorsque le cas l'exige, il peut être ordonné au navire de se tenir au large jusqu'à ce que l'autorité sanitaire supérieure ait statué sur les mesures à prendre.

QUARANTAINE ET ARRAISONNEMENT

Des mesures de quarantaine

Art. 42. Tout navire arrivant avec patente brute ou dans les conditions énumérées aux articles 30 et 31 ci-dessus, est passible de quarantaine.

Art. 43. La mise en quarantaine est notifiée par écrit au capitaine dans le plus bref délai possible; toutefois, la teneur de la décision notifiée reste sujette à des modifications jusqu'à la fin de la quarantaine, selon les éventualités.

Les mesures de quarantaine sont variables selon les cas.

Elles peuvent différer pour les passagers, l'équipage, les marchandises, le navire.

Art. 44. Les navires passibles de quarantaine pour les motifs énumérés plus haut se présentent dans deux conditions :

Ou bien le navire arrive avec une déclaration du capitaine ou du médecin qu'aucun accident de maladie réputée importable n'a eu lieu à bord depuis le départ, et, dans ce cas, si l'inspection médicale à l'arrivée confirme cette déclaration, il est considéré comme étant simplement suspect;

Ou bien des accidents certains ou probables de maladies pestilentielles ont eu lieu à bord depuis le départ, soit en cours de traversée, soit à l'arrivée, et alors le navire est considéré comme infecté.

Art. 45. La quarantaine se distingue en quarantaine d'observation et en quarantaine de rigueur.

Art. 46. La quarantaine d'observation ou de simple suspicion est applicable au navire en patente brute, ou jugée brute, qui n'ont eu à bord aucun accident pestilentiel ou de nature suspecte.

Elle consiste à tenir en observation, pendant un temps déterminé, le bâtiment et l'équipage dans une place particulière qui sera indiquée par l'officier de port.

Elle comporte une inspection médicale.

Pour les passagers, elle peut être purgée à bord du navire, mais de préférence au lazaret.

Elle n'entraîne pas nécessairement le déchargement des marchandises au lazaret, ni les mesures de désinfection générale, à moins de conditions jugées dangereuses par la nature de la cargaison, le nombre et la qualité des passagers, l'état hygiénique du bord.

L'autorité sanitaire est juge de la nécessité du déchargement sanitaire et de la désinfection dans tous les cas de quarantaine d'observation.

Le déchargement du navire ne peut être opéré pendant la durée de l'observation, si les passagers restent à bord, à moins que le navire ne fasse qu'une simple escale et ne reparte avec ses passagers en état de quarantaine. Dans ce cas, le débarquement des marchandises est opéré avec les précautions voulues.

Si la désinfection du navire et des marchandises est jugée nécessaire, on y procède comme dans la quarantaine de rigueur, après le débarquement des passagers.

Tout navire en quarantaine d'observation reçoit un garde sanitaire à bord.

La quarantaine d'observation simple, sans désinfection générale, date, pour le navire et pour les personnes restées sur le navire, du moment où la surveillance est installée à bord.

Art. 47. La quarantaine de rigueur est applicable au cas où le navire a eu à bord, soit au port de provenance, soit en cours de traversée, soit depuis son arrivée, des accidents certains ou seulement suspects d'une maladie pestilentielle.

La quarantaine de rigueur ne peut être purgée que dans un port à lazaret; elle nécessite avant toute opération de déchargement du navire, le débarquement des passagers et de toutes les personnes inutiles à bord.

Elle comporte ensuite le déchargement dit *sanitaire*, c'est-à-dire opéré selon la nature de la cargaison, soit au lazaret, soit sur des allèges avec les purifications convenables; elle exige la désinfection des effets à usage et celle du navire.

La quarantaine de rigueur date, pour les passagers, de leur sortie du navire; elle commence pour les personnes restées à bord, quand la désinfection du navire est terminée.

Les navires passibles de la quarantaine de rigueur, qui ne font qu'une simple escale sans prendre pratique, peuvent débarquer leurs passagers et leurs marchandises au lazaret en prenant les précautions convenables.

Art. 48. Tout navire en quarantaine doit être tenu à l'écart dans un mouillage déterminé, et surveillé par des gardes de santé.

Art. 49. Si, pendant la durée de l'observation simple, un cas de la maladie suspectée se manifeste parmi les quarantenaires, l'observation se transforme en quarantaine de rigueur.

Si, dans le cours d'une quarantaine de rigueur, le même fait se produit, la quarantaine recommence pour les personnes restées en libre communication avec la personne atteinte, laquelle sera, si les circonstances le permettent, débarquée au lazaret.

Art. 50. Un navire mis en quarantaine peut reprendre la mer. Dans ce cas, la patente de santé lui est rendue avec un visa mentionnant les conditions dans lesquelles il part.

Art. 51. Tout navire qui, n'étant pas à destination de la colonie, se présente à l'état de patente brute dans un port à lazaret, pour y faire quarantaine, peut, s'il devait en résulter un danger pour les autres quarantenaires, ne pas être admis à débarquer ses passagers au lazaret et être invité à continuer sa route pour sa plus prochaine destination, après avoir reçu tous les secours nécessaires.

Dans ce cas, une décision du Gouverneur sera provoquée par les autorités compétentes.

S'il y a des cas de maladie pestilentielle à bord, les malades seront, autant que faire se pourra, débarqués au lazaret.

Art. 52. Les navires chargés d'émigrants, de corps de troupes, et, en général, les navires jugés dangereux par une agglomération d'hommes dans de mauvaises conditions, peuvent en tout temps être l'objet de précautions spéciales que détermine l'autorité sanitaire du port d'arrivée, sous réserve de l'approbation immédiate de l'Administration supérieure sur la proposition du directeur de la santé.

Art. 53. Outre les quarantaines prévues et les mesures de santé spécifiées précédemment, l'autorité sanitaire a le droit, en présence d'un danger imminent et en dehors de toute prévision, de prescrire provisoirement telle mesure qu'elle jugera indispensable pour garantir la sûreté publique, sauf à en informer, dans le plus bref délai, l'Administration supérieure qui statue sur les mesures générales ou particulières à prendre, après avis de la commission sanitaire et du directeur de la santé.

Les dispositions ci-dessus pourront être appliquées dans le cas où il y aurait de fortes présomptions pour croire qu'il existe dans un pays une maladie épidémique ou contagieuse. Les navires venant de ce pays, munis d'une patente de santé, même nette, visée ou non par les autorités françaises du lieu, pourront être soumis aux mesures de préservation jugées nécessaires.

Art. 54. Un navire qui arrive en patente brute d'une maladie contagieuse ou épidémique peut être dans un des cas suivants :

A. Il n'a pas eu de malades dans le pays où régnait la maladie; il n'a eu ni malade ni mort pendant la traversée;

B. Le navire a eu des malades ou des morts dans le pays où régnait la maladie; n'a pas eu de malades ni de morts pendant la traversée;

C. Le navire a eu des malades ou des morts pendant la traversée.

Dans chacune de ces catégories, il peut y avoir ou non des passagers, à l'égard desquels il est procédé comme il est dit aux articles 46 et 47.

Art. 55. **A.** Le navire arrivant en patente brute, n'ayant eu ni malade, ni mort de maladie contagieuse, soit dans le port, soit pendant la traversée, et étant sur lest, sera mis en observation au moins pendant trois jours.

Ces trois jours seront employés à la désinfection, suivant les procédés indiqués par l'autorité sanitaire, comme il est dit à l'article 66 ci-après, des effets de corps et de couchage de l'équipage et des passagers, ainsi que des logements du navire.

Art. 56. **B.** Navire en patente brute, ayant eu des malades ou des morts dans le pays; pas de malades dans la traversée.

Trois à neuf jours de quarantaine dans un port à lazaret, quelle que soit la durée de la traversée, quand la guérison ou la mort remonte à plus de vingt-trois jours.

Ces jours comptent à partir du moment où les effets à usage ou de couchage des hommes de l'équipage, ainsi que les logements, auront été désinfectés et assainis.

Le médecin arraisonneur devra, sans communiquer avec le navire, s'assurer dans ce cas que les gardes sanitaires ont rigoureusement veillé à l'emploi bien sévère des moyens de désinfection.

Art. 57. **C.** Navire en patente brute, ayant eu des malades ou des morts pendant la traversée.

Plusieurs cas peuvent se présenter.

Il y a ou non des malades à bord au moment de l'arrivée; on a jeté ou non les effets de corps et de couchage des décédés.

S'il n'y a pas de malades à bord au moment de l'arrivée et si les vêtements ainsi que les effets de couchage des morts ont été jetés à l'eau, il sera pris des mesures d'assainissement pour les effets et pour les locaux, comme précédemment, et le navire ne sera mis en libre pratique que par décision du Gouverneur, après avis de la commission sanitaire.

S'il n'y a eu que des malades pendant la traversée et qu'ils soient guéris au moment de l'arrivée, le médecin visiteur les fera paraître devant lui pour déterminer, à distance, à quel degré de convalescence ils se trouvent, et la durée de la quarantaine sera fixée par le Gouverneur, après avis du directeur de la santé et de la commission sanitaire.

S'il y a des malades à bord au moment de l'arrivée, ces malades seront mis au lazaret, et désormais les communications seront interrompues entre le navire et eux.

Le navire fera aussitôt les purifications nécessaires, et lorsqu'il n'aura pas eu de nouvelles atteintes, depuis un délai qui sera apprécié par la commission sanitaire et le directeur de la santé, il sera mis en libre pratique.

Dans tous les cas, les effets de couchage des hommes et leurs vêtements seront purifiés et assainis.

Art. 58. Dans tous les cas où le navire, entrant dans l'une des conditions indiquées ci-dessus, sera porteur d'un chargement destiné à être débarqué dans la colonie, ce chargement sera soumis à des mesures de désinfection déterminées par l'autorité sanitaire.

Mesures de désinfection

Art. 59. Les mesures de désinfection peuvent être appliquées aux hardes et effets à usage, à la cargaison et au navire lui-même.

Art. 60. Les marchandises et objets de toute sorte arrivant par un navire en patente nette et en bon état hygiénique, qui n'a eu ni mort ni malade suspect, sont dispensés de tout traitement sanitaire et admis immédiatement à la libre pratique, comme le bâtiment lui-même, l'équipage et les passagers.

Art. 61. Sont exceptés les drilles, les chiffons, les cuirs, et, en général, tous les débris d'animaux qui, même en patente nette, peuvent être l'objet de mesures de désinfection que déterminera l'autorité sanitaire.

Sont également exceptées les matières organiques en état de décomposition. Dans ce dernier cas, s'il y a impossibilité de désinfecter ces matières et danger de leur donner la libre pratique, l'autorité sanitaire en ordonne la destruction, après avoir fait constater par procès-verbal la nécessité de la mesure et consigner

sur ledit procès-verbal les observations du propriétaire ou de son représentant.

Art. 62. Les mesures de désinfection sont variables selon les cas et la nature des objets à désinfecter.

Art. 63. Sous ce rapport, les marchandises et objets divers sont divisés en trois classes.

La première est composée des objets dits *susceptibles*, et, à ce titre, soumis à une désinfection obligatoire. Elle comprend les hardes et tous effets à usage, les drilles, chiffons, peaux, plumes, crins, les débris d'animaux en général, la laine, les matières de soie.

La seconde, composée de matières moins compromettantes et pour lesquelles la désinfection est facultative, comprend le coton, le lin, le chanvre à l'état brut.

La troisième, formée d'objets ou de substances considérés comme *non susceptibles*, est exempte de désinfection. Elle comporte les objets neufs manufacturés, les grains et autres substances alimentaires, les bois, les résines, les métaux, enfin toutes les marchandises et objets qui ne rentrent pas dans les deux premières classes.

Art. 64. En cas de patente brute ou d'infection à bord, les lettres, papiers ou paquets sont soumis aux purifications d'usage. Toutefois, les papiers ou objets quelconques provenant d'un pays sain et embarqués sur un navire en patente brute pourront être admis immédiatement à la libre pratique, après purification extérieure, si le tout est contenu dans une enveloppe scellée officiellement.

Art. 65. Les procédés de désinfection sont appropriés à la nature des objets auxquels on les applique, depuis l'objet de prix, qu'il faut désinfecter sans l'altérer, jusqu'à la substance sans valeur qu'il peut être convenable de détruire.

Les procédés à mettre en pratique sont déterminés par le directeur de la santé, après avis du conseil sanitaire. Il en est rendu compte au Directeur de l'Intérieur.

Toutefois, les mesures les plus ordinaires d'assainissement sont les suivantes :

ASSAINISSEMENT N° 1.

L'assainissement n° 1 consiste à projeter un lait de chlorure de chaux au dixième, ou une solution d'acide phénique au centième sur toutes les parties accessibles à la vue quand on ouvre les panneaux de chargement.

On doit consommer 10 à 20 litres de liquide chloruré, 30 à 50 litres de solution phéniquée, et, lorsqu'on a suffisamment aspergé les parties accessibles à la vue, quand on ouvre les panneaux, la pompe de cale est franchie, et ensuite on fait arriver dans la cale, en le versant dans la pompe ou par tout autre moyen, ce qui reste de liquide désinfectant.

ASSAINISSEMENT N° 2.

L'assainissement n° 2 consiste à badigeonner, à l'aide d'un balai largement imprégné dans les solutions précédentes, les caisses, sacs ou ballots du chargement. Ce badigeonnage se fait pour les colis, pris un à un, lorsqu'ils sont montés sur le pont ou débarqués sur une gabarre, ou bien encore mis sur une portion réservée du quai. Il doit porter sur toutes les faces, de manière à ce que toute la surface soit en contact avec l'agent de désinfection. Tandis que 10 ou 20 litres de liquide chloruré pouvaient désinfecter un chargement entier dans l'assainissement n° 1, il en faut six ou dix fois plus et même davantage, on le comprend, suivant le nombre des colis, dans l'assainissement n° 2.

ASSAINISSEMENT N° 3.

L'assainissement n° 3 n'est, en somme, que l'extension de l'assainissement n° 2 aux objets déballés et exposés au grand air. Cet assainissement n° 3 se fait, autant que possible, sans détériorer les objets. Il se pratique au lazaret et non sur les quais de débarquement.

Les objets soumis à cet assainissement doivent, en outre, passer vingt-quatre heures exposés au grand air avant d'être introduits en libre pratique.

Art. 66. Les substances animales et végétales en putréfaction ne pourront jamais être reçues au lazaret; mais elles seront brûlées ou jetées à la mer, après décision de l'autorité sanitaire rendue sur avis conforme de la commission sanitaire.

Art. 67. Aussitôt que les marchandises seront purifiées, elles seront séparées de celles qui ne le sont pas et placées, à cet effet, dans un autre lieu.

Des navires chargés d'animaux

Art 68. Lorsque les bâtiments auront des animaux vivants à bord, composant tout ou partie de leur cargaison, ces animaux ne seront débarqués qu'après la visite du vétérinaire du Gouvernement.

Dans le cas d'absence du vétérinaire, cette visite sera faite par une commission d'experts désignés par la commission sanitaire.

Art. 69. Dans le cas de suspicion, les animaux subiront une quarantaine d'observation de trois à cinq jours, pendant laquelle l'autorité sanitaire prescrira telles mesures qui lui paraîtront convenables.

Art. 70. La durée de cette quarantaine peut être prolongée autant que le directeur de la santé le jugera nécessaire, sans préjudice des mesures urgentes que l'autorité sanitaire du lieu pourra prendre sous sa responsabilité.

Chaque prolongation n'excédera pas cinq jours, à l'expiration desquels le conseil sanitaire se réunira pour examiner la situation des animaux dont l'autorité sanitaire lui fera part.

Art. 71. Lorsqu'il se présentera dans une cargaison un ou plusieurs cas de maladie contagieuse, les animaux de cette cargaison ne pourront être admis à la libre pratique, qu'après avoir subi soit sur le navire, soit dans un lieu d'isolement agréé par l'Administration, une quarantaine dont la durée sera fixée par l'autorité sanitaire locale sur avis conforme du conseil ou de la commission locale. En cas de désaccord il en sera référé au Gouverneur.

La quarantaine prononcée pourra être prolongée si les circonstances l'exigent, et dans les conditions indiquées ci-dessus, soit par l'autorité sanitaire locale, soit par le directeur de la santé.

Art. 72. Dans le cas où l'existence d'une maladie contagieuse, soit sur un navire importateur, soit dans le pays de provenance dudit navire, paraîtrait de nature à inspirer des craintes sérieuses pour la conservation du bétail dans la colonie, le Gouverneur, sur les avis motivés de la commission sanitaire et du directeur de la santé, pourra interdire le débarquement de la cargaison infectée, ou, pour un temps déterminé, de tous autres animaux de la même provenance.

Les décisons de cette nature seront immédiatement portées à la connaissance des intéressés par tous les moyens possibles de publicité.

Art. 73. En cas de débarquement sur un point quelconque de la colonie, l'argent sanitaire pourra toujours sur l'avis conforme du vétérinaire ou de la commission spéciale, ordonner l'abatage immédiat des animaux atteints de la maladie contagieuse.

Art. 74. Les mesures de purification du navire qui aura introduit des animaux sains ou malades seront prises ainsi que l'indiquera le directeur de la santé.

Tout débarquement d'animaux, après quarantaine d'observation ou de rigueur, sera précédé de la visite des animaux par le vétérinaire du Gouvernement ou par la commission prévue à l'article 68, et le débarquement ne se fera qu'au vu du certificat délivré par le vétérinaire ou par les membres de cette commission et contresigné par l'agent de la santé.

Art. 75. Toutes les décisions relatives aux mesures à prendre à l'égard des cargaisons d'animaux, sont précédées d'un rapport du vétérinaire ou de la commission spéciale mentionnée ci-dessus.

Des immigrants

Art. 76. Les convois d'immigrants de toute race de couleur devront être l'objet d'une surveillance spéciale; ils seront internés au camp de l'Orphelinat après une quarantaine d'observation qui sera fixée par le Gouverneur sur l'avis de l'autorité sanitaire et, autant que possible, ils ne seront délivrés à aucun engagiste qu'après vaccination.

Du lazaret

Art. 77. Il y a en Nouvelle-Calédonie un lazaret à l'îlot Freycinet, pour la purge des quarantaines et la désinfection des marchandises réputées suspectes.

En cas d'insuffisance du lazaret, une décision du Gouverneur indiquera les locaux à mettre à la disposition des autorités sanitaires.

Art. 78. Le lazaret et tous les endroits réservés, affectés à la quarantaine des navires, sont placés sous l'autorité immédiate du directeur de la santé, pour ce qui concerne le Service sanitaire.

Art. 79. L'officier de port est chargé de pourvoir au transport des quarantenaires, ainsi que des vivres et des objets de matériel destinés au lazaret. Il se conformera pour l'exécution de ce service, aux instructions qui lui seront adressées par le Directeur de l'Intérieur ou ses représentants.

Art. 80. Le lazaret de l'îlot Freycinet et ses annexes ont un règlement intérieur applicable aux individus ainsi qu'aux marchandises en quarantaine.

Art. 81. Il est interdit à toute personne, quelle qu'elle soit, de se mettre en communication directe avec les personnes ou les choses qui sont en quarantaine.

Art. 82. Les quarantenaires sont traités, pour la nourriture et le logement, d'après les fixations du règlement intérieur du lazaret.

Ils payent la nourriture au prix du tarif en vigueur. Ce tarif sera affiché dans l'établissement.

Art. 83. Les visites réglementaires du médecin du lazaret sont gratuites.

Les meubles et objets de première nécessité à l'usage des quarantenaires leur sont fournis gratuitement par l'Administration.

Art. 84. Les personnes qui voudraient d'une nourriture exceptionnelle et des objets de couchage plus confortables pourront se les procurer à leurs frais, en se conformant aux règles du Service sanitaire.

Des droits sanitaires

Art. 85. Les droits sanitaires sont ainsi fixés, savoir :

0 fr. 15 cent., par tonneau de jauge sur tous les navires sans distinction de nationalité.

Sont exempts de ces droits :

Les navires de guerre et ceux en relâche forcée qui reprendraient la mer sans avoir effectué aucun chargement ni déchargement de marchandises ;

Les paquebots faisant le service postal ;

Les caboteurs de commune à commune, et, en général, tout navire dispensé de se munir de patente ;

Les navires qui font escale sur la même rade plus d'une fois par mois, pourront contracter des abonnements, à raison de 50 francs par mois.

Des autorités sanitaires

Art. 86. La police sanitaire est placée dans les attributions du Directeur de l'Intérieur.

Elle est exercée sous sa direction :

1° Par des agents sanitaires ; 2° par des conseils et des commissions sanitaires, dont les attributions respectives sont ci-après déterminées.

Des agents sanitaires

Art. 87. Les agents sanitaires sont :

1° Le directeur de la santé ;

2° Le médecin arraisonneur ;

3° Le garde sanitaire ;

4° Le médecin, directeur du lazaret ;

5° Le gardien du lazaret.

Art. 88. Lorsque l'on aura recours pour l'organisation de ce service, aux médecins ou agents de la marine, le Directeur de l'Intérieur devra préalablement prendre l'agrément du Chef du Service de santé.

1° Du directeur de la santé.

Art. 89. Les fonctions de directeur de la santé à Nouméa sont remplies par le Chef du Service de santé.

Art. 90. Chargé de la direction et de l'inspection du Service sanitaire de la colonie, il veille à l'exécution des lois, arrêtés et règlements sanitaires.

Dans les cas urgents et imprévus, il prend, sous sa responsabilité, les mesures provisoires qu'exige la santé publique, et donne pour cela aux agents sanitaires tous les ordres qu'il croit utiles, sauf à en référer immédiatement au Directeur de l'Intérieur.

Art. 91. Le personnel sanitaire est directement placé sous ses ordres. Il propose au Directeur de l'Intérieur toutes les mutations de ce personnel. Il reçoit directement les communications, avis ou rapports des agents sanitaires, et informe le Directeur de l'Intérieur des faits saillants intéressant la santé publique.

Art. 92. Les avis, délibérations des conseils et commissions sanitaires lui sont transmis par le Directeur de l'Intérieur.

Il a entrée aux séances du Conseil sanitaire à Nouméa. Les avis, délibérations des conseils et commissions sanitaires lui sont transmis par le Directeur de l'Intérieur.

Art. 93. Il délivre ou vise la patente de santé des navires partant de Nouméa, et donne ses instructions dans les autres points de la colonie pour la délivrance et le visa des patentes de santé, s'il y a lieu.

2° Du médecin arraisonneur.

Art. 94. Au port de Nouméa, l'arraisonnement des navires est fait par un médecin de la marine.

Il est nommé par le Gouverneur sur la proposition du Directeur de l'Intérieur et après avis du directeur de la santé.

Art. 95. Les médecins arraisonneurs sont prévenus par le Service du port aussitôt qu'un navire est signalé; ils se rendent le long du bord pour l'arraisonnement avant que les navires aient effectué leur mouillage définitif sur la rade, lorsque l'arrivée a lieu après six heures du matin et avant six heures du soir.

Ils peuvent, en cas de nécessité, se faire assister d'un interprète assermenté.

Toutefois, les bâtiments de guerre et paquebots français ou étrangers doivent être arraisonnés, comme il est dit à l'article 37, dès leur arrivée sur rade et quelle que soit l'heure du jour ou de la nuit.

Art. 96. Lorsque le médecin arraisonneur juge qu'il n'y a pas lieu d'accorder immédiatement la libre pratique à un navire, il en prévient le Service du port, puis il en informe aussitôt le Directeur de la santé.

Art. 97. Le médecin arraisonneur se tient, autant qu'il le peut, au courant de l'état sanitaire extérieur, et fait aussitôt part à l'autorité sanitaire de tout ce qu'il a appris relativement à la santé publique.

3° Des gardes sanitaires.

Art. 98. Les gardes sanitaires sont nommés par le Directeur de l'Intérieur; ils sont provisoirement détachés des Services auxquels ils appartiennent : Port, Contributions et Police.

Ils prêtent serment devant le tribunal.

Art. 99. Il sont subordonnés, suivant le cas, aux médecins arraisonneurs et aux divers autres représentants de l'autorité chargée de l'exécution du Service sanitaire.

Art. 100. Les gardes sanitaires ont pour mission d'exercer la police sanitaire dans le lazaret et les lieux où se font provisoirement les quarantaines. Ils veillent à l'exécution, à bord des navires, des mesures sanitaires et des précautions prescrites par l'autorité sanitaire.

Art. 101. Ils s'opposent à toute communication entre les individus mis en quarantaine et le dehors, empêchent tout individu étranger à la quarantaine d'approcher des lieux d'isolement au delà des limites fixées par le règlement.

Art. 102. Ils saisissent immédiatement et mettent en quarantaine quiconque aurait communiqué avec les quarantenaires.

Art. 103. Ils rendent compte de tout ce qu'ils peuvent apprendre d'intéressant au point de vue sanitaire à leur chef direct.

4° Du directeur du lazaret.

Art. 104. La police supérieure et l'administration du lazaret sont exercées par un médecin.

Il est nommé par le Gouverneur, sur la proposition du Directeur de l'Intérieur et après avis du directeur de la santé.

Il a sous ses ordres le gardien et tous les agents attachés à l'établissement. Il reçoit les instructions du directeur de la santé et correspond directement avec les officiers de port pour tout ce qui concerne le service du transport et du ravitaillement. Il indique, conformément aux prescriptions du règlement ci-annexé, aux patrons des embarcations qui atterrissent au lazaret, le point où ils doivent accoster. Lesdits patrons sont tenus, sous les peines portées en l'article 124, de se soumettre à ces conditions.

Art. 105. Il est chargé de visiter et de soigner gratuitement les quarantenaires, de constater leur état de santé à l'expiration de la quarantaine, et de veiller à l'exacte exécution des mesures sanitaires prescrites. Il veille également à la conservation du matériel et de l'approvisionnement du lazaret.

5° Du gardien du lazaret.

Art. 106. Le gardien du lazaret réside dans l'établissement. Il est nommé par le Directeur de l'Intérieur, conformément à l'article 91.

Art. 107. Il est subordonné au directeur du lazaret.

Il est, en outre, garde sanitaire et a sous ses ordres les gardes sanitaires en service au lazaret.

Il est soumis à toutes les obligations des gardes sanitaires.

Il prête serment devant le tribunal.

Des conseils et commissions sanitaires

Art 108. Il est institué, à Nouméa, un conseil sanitaire.

Il exerce une surveillance générale sur le Service sanitaire de la colonie. Il a pour mission d'éclairer la direction sanitaire sur les quetions qui intéressent toute la colonie, de lui donner des avis sur les mesures à prendre en cas d'invasion ou de menace d'une maladie pestilentielle, de veiller à l'exécution des règlements sanitaires, et, au besoin, de signaler les infractions ou omissions.

Art. 109. Il est consulté, en cas de difficulté, sur les mesures qu'il convient de prendre, dans les limites tracées par les règlements, à l'égard des navires mis en quarantaine, sur les questions relatives au régime intérieur du lazaret, aux choix des emplacements affectés aux navires en quarantaine, aux mesures extraordinaires à prendre sur les plans et projets de constructions à faire aux établissements sanitaires, enfin, sur toutes les questions relatives au régime sanitaire, que l'Administration croit utile de lui soumettre.

Art. 110. Il propose au Directeur de l'Intérieur, pour être soumis, s'il y a lieu, au Gouverneur, les changements ou additions à introduire dans les règlements concernant le Service sanitaire de la colonie.

Art. 111. Il est informé par le directeur de la santé des mesures qui sont appliquées dans la colonie pour la prémunir contre l'introduction des maladies pestilentielles. Il donne son avis sur l'opportunité de ces mesures.

Art. 112. En cas de dissentiment entre les agents de la santé et le conseil, il en est immédiatement référé au Gouverneur, par la voie hiérarchique.

Art. 113. Le conseil sanitaire de Nouméa est composé de la manière suivante :

1° Le Maire, président ;
2° Deux membres du conseil de santé ;
3° Un délégué du Commandant militaire ;
4° Le commissaire de l'Inscription maritime ;
5° Le chef du 2e bureau de la Direction de l'Intérieur ;
6° Le capitaine de port ;
7° Le vétérinaire du Gouvernement ;
8° Un pharmacien civil ;
9° Deux conseillers municipaux élus pour un an par le Conseil municipal ;
10° Deux négociants élus pour un an par la Chambre de commerce ;
11° Le médecin visiteur qui remplit les fonctions de secrétaire.

En cas de partage, la voix du président est prépondérante

Les membres électifs sont indéfiniment rééligibles.

Art. 114. Le directeur de la santé a son entrée aux séances du conseil sanitaire.

Il est entendu quand il le demande. Son opinion est inscrite au procès-verbal s'il le juge utile.

Art. 115. Il est dressé procès-verbal de chaque séance. Copie de chaque procès-verbal est adressée, pour être approuvée, s'il y a lieu, au Directeur de l'Intérieur, qui la transmet pour exécution au directeur de la santé.

Art. 116. Le conseil sanitaire ne peut valablement délibérer qu'à la majorité de ses membres en exercice.

Art. 117. Il se réunit à la Direction de l'Intérieur, dans la salle des comités.

Art. 118. Le conseil doit être constamment maintenu au complet.

Il se réunit en session ordinaire dans le premier mois de chaque trimestre, sur la convocation de son président.

Il est, en outre, convoqué toutes les fois que les circonstances l'exigent, avec l'autorisation du Directeur de l'Intérieur, et, dans les cas urgents, sans cette autorisation.

Art. 119. Le Directeur de l'Intérieur peut prendre part aux délibérations du conseil sanitaire. Il préside les séances auxquelles il assiste.

Dispositions générales

Art. 120. A l'expiration de la quarantaine imposée, l'admission à la libre pratique sera précédée de la visite du bâtiment, toutes les fois que l'autorité sanitaire le jugera nécessaire.

Art. 121. La Chambre de commerce, les capitaines et patrons arrivant du dehors, et généralement toutes les personnes ayant des renseignements de nature à intéresser la santé publique, sont invités à les communiquer aux autorités sanitaires.

Art. 122. Tous les dépositaires et agents de l'autorité et de la force publique qui seraient avertis d'infractions aux lois et règlements sanitaires, sont tenus d'employer les moyens en leur pouvoir pour y mettre fin, pour en arrêter les effets et pour en amener la répression.

Art. 123. Ont droit de requérir la force publique pour le service qui leur est confié :

Le directeur de la santé ;

Les agents sanitaires ;

Le directeur du lazaret.

Ils ont également qualité, après avoir prêté serment devant le tribunal de première instance, pour dresser des procès-verbaux, à l'effet de constater les contraventions aux lois et règlements dont ils sont chargés d'assurer l'exécution.

Les mêmes ont le droit de requérir, mais seulement dans les cas d'urgence et pour un service momentané, la coopération des officiers et employés de la marine, des employés des contributions diverses, des officiers de port, des commissaires de police, des gardes champêtres, et au besoin de tous les citoyens.

Ne pourront lesdites réquisitions d'urgence enlever à leurs fonctions habituelles des individus attachés à un Service public, à moins d'un danger assez pressant pour exiger le sacrifice de tout autre intérêt.

Art. 124. Les contraventions au présent arrêté seront punies de un à quinze francs d'amende et de un à cinq jours d'emprisonnement, ou de l'une de ces deux peines seulement.

En cas de récidive, l'emprisonnement sera toujours prononcé.

Art. 125. Sont abrogés tous les règlements de police sanitaire maritime antérieurs au présent arrêté.

Art. 126. Le Directeur de l'Intérieur est chargé de l'exécution du présent arrêté, qui sera inséré au *Bulletin* et au *Moniteur* officiels de la colonie.

Nouméa, le 19 juillet 1881.

A. COURBET.

Par le Gouverneur :

Le Directeur de l'Intérieur,

DUFRÉNIL.

RÈGLEMENT DU LAZARET

Dispositions générales.

Art. 1er. Le lazaret établi à l'îlot Freycinet est destiné à recevoir les passagers, sains ou malades, provenant des navires mis en quarantaine à leur arrivée dans la colonie, et, quand il y aura lieu, les marchandises débarquées de ces navires.

Art. 2. Un local spécial est affecté, dans cet établissement, aux malades atteints d'affections épidémiques ou contagieuses.

Art 3. Aucune personne ne pourra être admise au lazaret sans un ordre du Directeur de l'Intérieur.

Art. 4. Il sera traité avec un fournisseur pour l'entreprise de la nourriture des quarantenaires.

Art. 5. Aussitôt après le débarquement des quarantenaires au lazaret, le gardien de cet établissement demandera à ceux d'entre eux qui n'appartiennent pas à un Service public, d'indiquer la catégorie à laquelle ils désirent être traités.

Ce renseignement sera remis au directeur du lazaret, qui établira immédiatement, en double expédition, la liste des quarantenaires, par catégories.

L'une de ces listes sera envoyée au Directeur de l'Intérieur, et l'autre sera transmise par les soins, s'il y a lieu, de l'officier de port au fournisseur chargé de l'entreprise de la nourriture.

Art. 6. Les frais de nourriture, à bord des bâtiments du Service sanitaire et du séjour au lazaret, calculés sur la durée effective de la quarantaine, seront payés d'avance entre les mains du gardien du lazaret, qui est constitué, à cet effet, régisseur comptable.

Tout quarantenaire qui ne serait pas en mesure de satisfaire à cette obligation sera traité à la dernière catégorie, à moins qu'il ne présente un répondant accepté.

En cas de prolongation de la quarantaine, le montant des frais de séjour supplémentaires sera réclamé aux intéressés, dès que la décision sera notifiée au directeur du lazaret.

Art. 7. Les dispositions de l'article ci-dessus ne s'appliqueront pas aux officiers, fonctionnaires, employés et agents des Services publics. Les personnes de cette catégorie seront traités au lazaret suivant leur grade ou leur assimilation, et les frais qui en résulteront pourront être recouvrés ultérieurement, par voie de retenue administrative.

Art. 8. Les frais relatifs aux convois d'immigrants introduits dans la colonie, au compte ou avec l'assistance du Trésor, seront à la charge de la caisse d'immigration et seront recouvrés administrativement. Les frais occasionnés par les immigrants introduits pour des entreprises particulières seront supportés par les introducteurs.

Art. 9. Le jour de l'admission, soit sur les bâtiments du Service sanitaire, soit directement au lazaret, comptera pour le payement des frais. Celui de la sortie du lazaret ne comptera pas.

Toutefois, pour les convois d'immigrants, le droit ne sera dû qu'à partir du jour où les vivres cesseront d'être fournis par le navire importateur.

Art. 10. Tout payement de frais de lazaret, fait entre les mains du gardien de l'établissement, donnera lieu à la délivrance d'un récépissé extrait d'un registre à souche.

Art. 11. Les personnes qui n'auront pas payé leurs frais de traitement au moment de leur entrée au lazaret devront, sauf les exceptions mentionnées aux articles 6, 7 et 8, en faire le versement entre les mains du gardien, avant leur sortie.

Les noms de toutes celles qui resteront débitrices de ces frais seront portés sur un état que le directeur du lazaret transmettra au chef du 3e bureau, en l'accompagnant, pour chaque débiteur, de tous les renseignements propres à faciliter le recouvrement des créances. Cet état servira à l'émission de titres de recettes dont la réalisation, après ordonnancement du Directeur de l'Intérieur, sera poursuivie par les soins du Service du Trésor.

Art. 12. Le directeur du lazaret adressera, dans la même forme et transmettra, de la même manière, un état spécial s'appliquant à toutes les personnes dont les frais de traitement devront être recouvrés par les moyens administratifs.

Art. 13. Le gardien comptable du lazaret sera pécuniairement responsable des déficits résultant de la non-exécution des mesures prescrites.

Art. 14. Toutes les sommes perçues par le gardien comptable seront, dans les vingt-quatre heures qui suivront la levée de la quarantaine, versées par lui à la caisse du Receveur des contributions.

Art. 15. Sont dispensés du droit de séjour au lazaret :

1° Les enfants au-dessous de sept ans;

2° Les indigents embarqués aux frais du Gouvernement, ou d'office par les consuls;

3° Les passagers qui, avec l'autorisation de l'Administration, feront venir leurs vivres du dehors ou n'occasionneront à l'établissement aucune dépense de nourriture et de traitement;

4° Toute personne, autre que les quarantenaires, qui aura été transportée au lazaret par ordre de l'autorité compétente.

Ces diverses exceptions seront constatées sur les registres du lazaret. Un relevé de ces registres sera fourni au chef du Service des Contributions, à l'expiration de chaque quarantaine, et soumis au visa du Directeur de l'Intérieur.

Nourriture.

Art. 16. Les quarantenaires traités à la 1re catégorie ont droit :

1° Le matin, à sept heures, au café ou au chocolat à l'eau, à leur choix;

2° A dix heures et demie, au déjeuner composé de trois plats (deux de chair et un de légumes), d'un dessert et d'un café.

3° L'après-midi, à six heures, au dîner composé d'un potage, de trois plats (deux de chair, un de légumes) et un dessert.

La ration journalière comprend, en outre, 750 grammes de pain et un litre de vin.

Art. 17. Les quarantenaires de la 2ᵉ catégorie ont droit :

1° Le matin, à 7 heures, au café ou au chocolat;

2° A dix heures et demie, au déjeuner composé de deux plats;

3° L'après-midi, à six heures, au dîner composé d'une soupe et de deux plats.

La ration journalière comprend, en outre, 750 grammes de pain et 50 centilitres de vin.

Art. 18. Les individus traités à la 3ᵉ catégorie (indigents) recevront la ration *dite* de troupe.

Art. 19. Les enfants au-dessous de sept ans n'ont droit qu'à la demi-ration.

Art. 20. Il sera alloué un domestique par six quarantenaires de la 1ʳᵉ catégorie, et un par quinze de la seconde.

Art. 21. Les officiers, fonctionnaires ou agents, jusqu'au grade ou à l'assimilation d'aspirant inclusivement, seront traités à la 1ʳᵉ catégorie.

Les agents subalternes, les gardes sanitaires, les infirmiers seront traités à la 2ᵉ catégorie.

Les domestiques seront traités à la 3ᵉ catégorie.

Coucher.

Art. 22. Les quarantenaires de la 1ʳᵉ catégorie ont droit à un lit avec paillasse, matelas, traversin et oreiller avec taie et draps;

A une table-lavabo avec pot et cuvette, glace et deux serviettes.

Ceux de la 2ᵉ catégorie auront :

Un lit avec matelas, traversin et draps ;

Une table-lavabo avec pot et cuvette, une petite glace et une serviette.

Ceux de la 3ᵉ catégorie :

Un matelas et une couverture de laine.

Blanchissage.

Art. 23. Le linge de chambre, draps et serviettes, taies d'oreillers, etc., sera changé tous les quinze jours, et le linge de table, nappes et serviettes, tous les huit jours, sans préjudice de changements plus fréquents, selon les circonstances.

Direction du Service sanitaire et administratif.

Art. 24. Le médecin directeur du lazaret séjournera dans cet établissement pendant tout le temps que dureront les quarantaines.

Art. 25. Il aura sous ses ordres le gardien comptable et les gardes sanitaires chargés d'assurer la police intérieure du lazaret, de même que tous les agents affectés au service de l'établissement.

Les gardes placés sur les navires mouillés en quarantaine lui seront également subordonnés, et communiqueront avec lui pour tout ce qui concerne le Service sanitaire.

Art. 26. Il surveillera l'état de la santé au lazaret et adessera, aussi souvent que possible, au directeur de la santé, qui en fera la remise au Directeur de l'Intérieur, un rapport sur l'état des quarantenaires et des malades, la situation générale et les besoins de l'établissement.

Art. 27. Le gardien comptable tiendra un registre sur lequel toutes les personnes admises dans l'établissement seront inscrites à leur entrée, d'après les renseignements qui seront fournis par les capitaines des navires ou patrons des embarcations qui les auront débarquées, ou par ces personnes elles-mêmes.

Art. 28. En matière de police judiciaire et d'état civil, le directeur du lazaret se conformera aux dispositions des articles 17, 18 et 19 de la loi du 3 mars 1822.

Art. 29. Les passagers et les malades reçus au lazaret sont soumis à la discipline intérieure des hôpitaux et de la police sanitaire, dont les dispositions seront affichées au lazaret, sans préjudice des peines plus graves qui auraient été encourues.

Art. 30. La durée de la quarantaine pour chaque série de quarantenaire sera également affichée dans le quartier affecté au logement de cette série.

Service des embarcations, des vivres et de la correspondance.

Art. 31. Chaque fois que la nécessité l'exigera et sur la réquisition qui lui sera faite à cet effet par le chef de bureau de la Direction de l'Intérieur chargé du Service sanitaire, l'officier de port expédiera une embarcation ou un bateau pour le service des transports et des approvisionnements du lazaret.

Art. 32. Les embarcations qui se rendront au lazaret pendant tout le temps que durera l'isolement, ne pourront accoster qu'à l'appontement et devront porter les signes de la quarantaine.

Tout autre point du lazaret leur est formellement interdit, sous les peines de droit envers ceux qui auraient transgressé à cet égard les lois sanitaires.

Pour le service de nuit, les embarcations devront être munies d'un fanal.

Art. 33. Les provisions et les objets destinés au lazaret seront déposés dans un coffre placé à cet effet sur la jetée. Ces provisions et ces objets ne seront enlevés par les agents de l'intérieur que lorsque les porteurs se seront éloignés.

Art. 34. Chaque fois qu'un bateau ou une embarcation sera expédiée par les soins du Service du port, le patron de ce bâtiment devra, avant son départ, se transporter au bureau de la poste pour y recevoir les papiers et lettres à destination du lazaret. Ces lettres et papiers seront déposés dans le coffre qui vient d'être indiqué. Il en sera de même de ceux qui parviendraient au lazaret par la voie ordinaire de la poste.

Art. 35. Les patrons des bateaux et embarcations expédiés à l'îlot Freycinet, comme il est dit ci-dessus, devront être munis d'un ordre de service qu'ils présenteront au directeur du lazaret qui pourvoira, dans les termes dudit ordre, à leur renvoi à Nouméa.

Art. 36. Les papiers et correspondances provenant du lazaret seront remis, sans exception, au gardien de cet établissement, qui, après exécution des mesures de précaution prescrites par le directeur du lazaret, conformément aux ordres supérieurs, les déposera dans le coffre au moment du départ de chaque bateau.

Service des gardes sanitaires.

Art. 37. Suivant les besoins du service, des gardes sanitaires en nombre suffisant seront placés dans l'intérieur du lazaret et y exerceront la police sanitaire, sous les ordres du directeur de cet établissement.

Art. 38. Ils s'opposeront à toute communication, soit du dehors au dedans, soit du dedans au dehors, soit entre les quarantenaires des différentes séries.

Ils feront des rondes fréquentes de jour et de nuit sur le pourtour intérieur de l'enceinte, afin de prévenir toute tentative de communication.

Ils empêcheront les quarantenaires de sortir du lazaret, saisiront d'autorité tout individu qui y aurait pénétré et lui imposeront la quarantaine immédiatement.

Ils tiendront strictement la main à l'exécution des dispositions prescrites pour la réception des provisions et de la correspondance et pour l'accostage des embarcations.

Enfin, ils exécuteront et feront exécuter la consigne sanitaire et les instructions émanant du directeur de la santé, visées et approuvées par le Directeur de l'Intérieur.

Art. 39. Les gardes sanitaires rendront compte chaque jour de leur service au gardien du lazaret, qui en rendra compte à son tour au directeur de l'établissement.

Dispositions diverses.

Art. 40. Les fonctionnaires qui auraient mission ou qualité pour communiquer avec les agents du lazaret ou avec les quarantenaires, feront avertir préalablement le directeur de cet établissement. Celui-ci commandera un garde sanitaire qui sera présent à la communication; la personne appelée se tiendra à l'extrémité de l'embarcadère et le visiteur restera dans l'embarcation, à six mètres au moins de distance de l'embarcadère.

Art. 41. Toute autre personne qui voudrait communiquer n'y sera admise que par la permission du directeur du lazaret et avec les mêmes précautions. Dans ce dernier cas, les communications ne devront pas excéder dix minutes.

Art. 42. Tout individu qui se serait introduit dans l'enceinte du lazaret, ne fut-ce que pendant quelques instants, y sera retenu et séquestré jusqu'à la levée de la quarantaine de la série à laquelle il aura communiqué.

Art. 43. Toute disposition nouvelle qui serait jugée nécessaire pour mieux assurer la surveillance du lazaret, pourra être prescrite provisoirement par le directeur de l'établissement, qui en rendra compte au Directeur de l'Intérieur.

Art. 44. Le présent règlement sera affiché au lazaret, inséré au *Bulletin* et au *Moniteur* officiels de la colonie.

Nouméa, le 19 juillet 1881.

A. COURBET.

Par le Gouverneur :

Le Directeur de l'Intérieur,

DUFRÉNIL.

NOUMÉA. — IMPRIMERIE DU GOUVERNEMENT.

389